LAS CINCO FUERZAS DE PORTER

Cómo distanciarse de la competencia con éxito

Por Stéphanie Michaux
En colaboración con Anne-Christine Cadiat
Traducido por Laura Bernal Martín

Economía y empresa   50MINUTOS.es

LAS CLAVES PARA EL ÉXITO

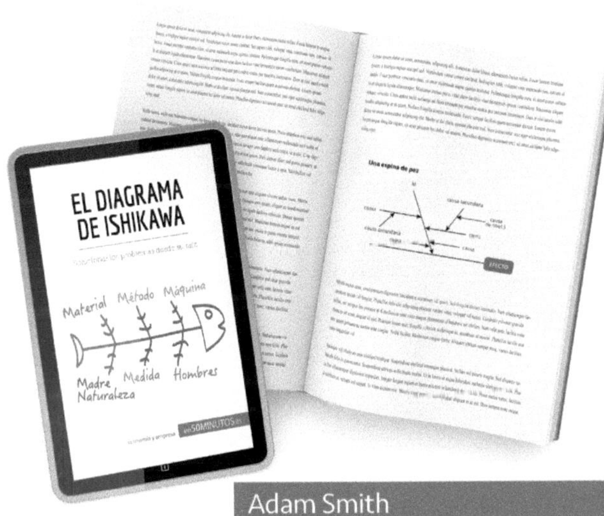

Adam Smith

El principio de Pareto

El estrés laboral

La pirámide de Maslow

LAS CINCO FUERZAS DE PORTER

- **¿Denominación?** Las cinco fuerzas de Porter.
- **¿Utilidad?** Análisis del entorno competitivo de una industria.
- **¿Por qué es eficaz?** Este modelo permite:
  - comprender la industria y la naturaleza de las relaciones entre los diferentes actores del mercado en el que una empresa se desarrolla;
  - identificar los factores de rendimiento y de influencia del sector;
  - evaluar cómo los cambios en el seno de una industria pueden afectar a su rentabilidad.
- **¿Palabras clave?**
  - <u>Ventaja competitiva</u>: dicho del valor que crea la empresa y que perciben los clientes, que la diferencia de los otros actores de la industria y que le aporta una mejor rentabilidad, puesto que la fuerza de diferenciación permite la negociación.

- Concentración de un sector: esta noción describe el poder de ciertos actores en sectores concretos. Se dice que un sector es concentrado si solo unas pocas empresas comparten el mercado.
- Competencia: aspecto importante de un mercado determinado por las empresas que se posicionan en él y que luchan entre ellas por hacerse con la mayor parte del mismo.
- Costes de cambio: también llamados «costes de transferencia», señalan los recursos que tendrán que invertirse necesariamente para pasar de un(a) sistema/proceso/tecnología a otro(a).
- Estrategia: especificación de un conjunto de acciones que hay que llevar a cabo y de recursos de los que hay que disponer con el fin de alcanzar el/los objetivo/s inicialmente fijado/s a largo plazo y de converger en la creación de una posición única y deseable en un entorno competitivo.
- Rentabilidad: relación entre las inversiones iniciales y los resultados financieros.

Dado que todas las empresas se desarrollan en un entorno competitivo, diferenciarse de las demás resulta primordial, si no vital. Además de velar constantemente por no perder cuotas de mercado que se hayan adquirido en un dominio de actividad estratégica (DAE), la empresa debe reafirmar continuamente sus diferencias para mantener y crear su propia ventaja competitiva.

El modelo de las 5 fuerzas, desarrollado en 1979 por Michael E. Porter (nacido en 1947 y profesor de estrategia empresarial en Harvard), permite a los directivos de empresa anticiparse a las tendencias en el seno de una industria y a la evolución de la competencia, con el fin de influir sobre esta última mediante la toma de decisiones estratégicas que le permitirán obtener o mantener una ventaja competitiva.

Definición del modelo

El modelo de las 5 fuerzas de Porter es una herramienta fundamental a la hora de comprender la estructura competitiva de una industria. Esta herramienta de análisis simple y eficaz permite identificar la competencia –en el más amplio sentido de la palabra– de una empresa, así como entender en qué medida esta es susceptible de reducir su capacidad de generar beneficio.

Un análisis completo examina 5 fuerzas: el poder de negociación de los clientes, el poder de negociación de los proveedores, la amenaza procedente de los productos sustitutos, la amenaza que representan los productos entrantes y la rivalidad entre los competidores (intrasectorial). Los cuatro primeros elementos operan de forma independiente los unos de los otros, intensificando las rivalidades existentes dentro de un mismo sector.

TEORÍA Y PRESENTACIÓN DEL CONCEPTO

Durante los años setenta, Michael E. Porter redacta y publica una serie de artículos dedicados a la estrategia que dan lugar a la obra *Competitive Strategy: Techniques for Analyzing Industries and Competitors*, una verdadera biblia de la estrategia que ha sido traducida a 19 idiomas. En ella, el autor desarrolla un modelo influyente que revoluciona la teoría, la práctica y también la enseñanza de la estrategia en todo el mundo: el modelo de las 5 fuerzas.

Este enfoque se centra en las diferentes fuerzas que estructuran e influyen en el entorno competitivo de una industria. Desde un punto de vista estratégico, esta técnica de análisis es crucial para determinar la posición de una empresa en un mercado, así como para luchar contra la competencia. Tiene que identificar con claridad:

- las relaciones de la empresa con los otros actores del sector, es decir:
  ◦ los clientes;
  ◦ los proveedores;
  ◦ los productores de sustitutos;
  ◦ los nuevos competidores potenciales;
  ◦ la competencia;
- y, por ello, las 5 fuerzas:
  ◦ el poder de negociación de los clientes;
  ◦ el poder de negociación de los proveedores,
  ◦ la amenaza de los productos sustitutos;
  ◦ la amenaza de los nuevos competidores;
  ◦ la rivalidad entre los competidores.

EL PODER DE NEGOCIACIÓN DE LOS CLIENTES

La influencia de los clientes en un entorno competitivo depende de su habilidad para la negociación. Estos pueden, de hecho, forzar a las empresas a bajar los precios, exigir una mejor calidad o servicios suplementarios, o incluso promover la competencia entre diferentes actores. De esta forma, los consumidores influyen directamente en la rentabilidad del mercado, puesto que tienen un impacto sobre los costes del producto.

Los clientes tienen poder especialmente si:

- son poco numerosos o compran en grandes cantidades;
- los productos disponibles en el mercado están estandarizados y se diferencian poco de los de la competencia;
- el coste de cambio de un proveedor a otro es bajo;
- pueden integrar directamente las actividades de los proveedores en su propia cadena de producción.

EL PODER DE NEGOCIACIÓN DE LOS PROVEEDORES

De manera similar, los proveedores pueden tener impacto en la rentabilidad de una empresa si imponen sus propias condiciones (en términos de costes o de calidad), al igual que los clientes.

El poder de los proveedores es importante si:

- se encuentran particularmente concentrados o en situación de monopolio;
- sus clientes son numerosos y procedentes de industrias diversas;

- el coste de cambio es elevado;
- ofrecen productos diferenciados y no existen otros que puedan sustituirlos;
- son capaces de integrar en su *core-business* actividades situadas en las fases posteriores de la cadena.

Los proveedores ejercen un poder directo sobre una industria al (re)negociar los términos de contrato entre sus clientes (empresas) y ellos mismos, y al buscar siempre los mejores precios.

LA AMENAZA DE LOS PRODUCTOS SUSTITUTOS

Los productos de reemplazo ofrecen soluciones alternativas a la oferta existente en un sector, y responden a necesidades similares de una forma diferente o innovadora. Por ejemplo, el correo electrónico es un sustituto del correo postal, de la misma manera que el MP3 fue un sustituto del *walkman*.

Los productos sustitutos existen en todas las industrias, pero se convierten en una verdadera amenaza cuando:

- ofrecen una mejor calidad;
- el coste de cambio hacia el producto sustituto es bajo;
- el precio de los productos sustitutos es menor.

En términos generales, los productos sustitutos representan una amenaza porque ganan cuota de mercado y ejercen presión sobre los precios.

LA AMENAZA DE LOS NUEVOS ENTRANTES

Los nuevos competidores entrantes irrumpen en el mercado al alcanzar una posición hasta entonces desocupada, y entregándole un mayor valor a nuevos consumidores. Su sed de hacerse con nuevas cuotas de mercado aumenta la presión sobre los precios y las políticas sobre el coste y la tasa de inversión.

La amenaza de los nuevos entrantes es mayor cuando:

- no existe una patente que proteja las tecnologías, lo que facilita el acceso a las mismas;
- las barreras de entrada y las necesidades de capital son muy bajas.

En el mismo seno de una industria, utilizamos la expresión «barrera de entrada» para indicar el grado de dificultad –obstáculos naturales o artificiales– que debe afrontar un nuevo actor cuando quiere penetrar en una industria, sobre todo en términos de inversión inicial requerida. Los obstáculos artificiales puede que los pongan los actores que ya se encuentran presentes en ese mercado. Unas barreras de entrada elevadas garantizan a los actores históricos una cierta protección contra nuevos entrantes.

Las barreras de salida, por su parte, son más bien mentales, ya que el cliente debe realizar un esfuerzo para abandonar la esfera del producto y sumarse a la de otro.

- las economías de escala son débiles;
- existen pocas barreras culturales;
- los costes de reemplazamiento no son elevados para el cliente;
- las empresas que ya se encuentran posicionadas en el sector cuentan con una imagen de marca poco consolidada;

- los clientes no son necesariamente fieles a las empresas que les abastecen;
- la probabilidad de revancha por parte de los actores ya posicionados en el mercado es baja;
- el gobierno otorga ayudas y subvenciones a los nuevos entrantes.

LA RIVALIDAD ENTRE LOS COMPETIDORES

Situada en el eje del modelo, la rivalidad interna en un sector puede verse influida y evaluada por el resto de fuerzas del modelo. Los competidores luchan constantemente dentro de una industria para mejorar o simplemente para mantener su posición en ese ámbito. La competencia interna puede aparecer bajo un gran número de formas y se traduce por acciones como:

- bajadas de precios;
- la introducción de nuevos productos;
- campañas de publicidad;
- una mejora de la gama de productos y servicios.

La intensidad de la competencia depende del número de empresas activas que haya en el sector, de su respectivo tamaño y del alcance de su cuota de mercado. Puede incrementarse si:

- el sector no se encuentra concentrado, es decir, si los competidores son numerosos y de un tamaño similar;
- la tasa de crecimiento de una industria resulta baja;
- las barreras de entrada son bajas y/o las barreras de salida son elevadas;
- el grado de diferenciación de los productos es bajo;
- los costes fijos son elevados.

La configuración de estas 5 fuerzas difiere según la industria. Dependiendo de la intensidad, la jerarquía y la dinámica de estas fuerzas, será posible identificar los factores críticos de éxito (FCE), es decir, los elementos estratégicos que es necesario dominar para garantizar una ventaja competitiva duradera.

Las 5 fuerzas de Porter

Cuanto más intensas son las fuerzas, menos margen de maniobra tienen las empresas: presentan un retorno sobre la inversión menos atractivo. *A contrario*, cuanto más débiles son las fuerzas, más rentables serán las empresas, puesto que estarán protegidas de sus competidores. Por lo tanto, es crucial invertir en actividades que favorezcan ventajas competitivas duraderas para garantizar la rentabilidad de un proyecto y permitir que una empresa pueda conservar sus márgenes y sus cuotas de mercado.

Por consecuencia, el rendimiento de una empresa dependerá de la capacidad que tenga para combatir e influir en este entorno competitivo.

LÍMITES DEL MODELO Y EXTENSIONES

La mayor aportación de Porter reside en la clasificación de los distintos factores económicos que afectan a los beneficios de una empresa en un modelo, que incluye la integración vertical en la cadena de valores, así como la competencia en el seno de un mercado.

Sin embargo, el modelo de Porter también posee límites y puede criticarse por distintos motivos.

LÍMITES Y CRÍTICAS DEL MODELO

Un modelo pobre e incompleto

Varios artículos y publicaciones científicas han puesto en duda la pertinencia del modelo de Porter. Entre las críticas más frecuentes, destacamos:

- **la subestimación de oportunidades.** Al centrarse únicamente en las amenazas existentes y futuras y en la defensa de las cuotas de mercado, el modelo de las 5 fuerzas deja poco margen al análisis de las oportunidades en el seno de un mercado. Tampoco tiene en cuenta las dinámicas de interacción y de cooperación posibles entre los actores de una misma industria;

- **la ocultación de la creación de valor.** En su modelo, Porter se concentra sobre todo en las barreras de entrada y en la estructura de mercado para garantizar unos beneficios por encima de la media. Al hacerlo, olvida un concepto que es, sin embargo, central: la creación de valor para los clientes y el desarrollo de nuevos productos y servicios en el seno de la empresa;

- **la primacía de la industria**. Al centrarse en un planteamiento sobre la estructura de una empresa, el modelo que Porter propone resulta idéntico para todos los competidores activos en un mismo mercado. Por ello, es necesario tener en cuenta otros parámetros en un análisis competitivo más amplio –por ejemplo, los puntos fuertes y las competencias básicas de las organizaciones activas en la industria. De hecho, las empresas pueden ocupar posiciones en el seno de su mercado que, por ser únicas y envidiables, podrían ser susceptibles de aislarlas de ciertas fuerzas;

• **el olvido de las variaciones de la demanda**. El modelo de Porter oculta los factores que pueden influir en la demanda. De esta forma, no tiene en cuenta principios económicos como la variación de ingresos o de los gustos de los consumidores;

• **un análisis cualitativo**. Debido a su naturaleza cualitativa, el modelo de Porter no permite calcular de manera precisa la intensidad de las fuerzas. Por ejemplo, aunque una aplicación del modelo sugiera que existe una fuerte amenaza por parte de los nuevos competidores, no ofrecerá ninguna herramienta que permita calcular la probabilidad de dicha amenaza. Por lo tanto, el modelo resulta sobre todo útil para identificar las tendencias y los cambios dentro de un mismo sector.

¿Un modelo obsoleto?

Otros analistas van aún más lejos y consideran que el modelo de las fuerzas de Porter es incompatible con una economía globalizada y con el desarrollo de las nuevas tecnologías. De acuerdo con una visión de la estrategia basada en la competencia y en la importancia de las barreras de entrada, este modelo se ve gravemente amenazado por la economía actual, que da paso a nuevos competidores bajo diversas formas y que se renuevan con regularidad. Durante los últimos años, hemos observado en muchas ocasiones cómo la ventaja competitiva de grandes empresas desaparecía debido a innovaciones radicales. Este es el caso de Kodak, que fue un actor imprescindible en el sector de la fotografía y que en enero del 2012 entró en bancarrota.

El análisis de Porter tampoco integra las sinergias y la interdependencia de las carteras de actividades de las grandes empresas que pueden existir en una economía globalizada.

EXTENSIONES Y MODELOS CONEXOS

Las 5 (+1) fuerzas de Porter

El modelo original de Porter puede verse completado con una sexta fuerza cuya influencia no debe menospreciarse: los poderes públicos. Hablamos en este caso del modelo de las 5 (+1) fuerzas.

Esta sexta fuerza es la del Gobierno, que no se contemplaba en el primer modelo a no ser que fuera proveedor o cliente, pero que debe tenerse en cuenta debido a su papel de órgano regulador. De hecho, las empresas que compiten en un mismo mercado están obligadas a someterse a un marco legal determinado propio de cada zona. De esta forma, el mercado también se ve estructurado por parámetros como normas y reglamentos, impuestos, o incluso por las relaciones diplomáticas de un país.

En sus obras más recientes, Porter rechaza esta extensión del modelo, afirmando que el Gobierno no puede considerarse una fuerza, sino más bien un factor. La mejor forma de comprender el impacto que tiene un Gobierno en una economía es analizar cómo las medidas que toman los poderes públicos dentro de un país pueden afectar a las 5 fuerzas.

Al igual que ocurre con los poderes públicos, Porter insiste en la importancia de los «complementos». Estos productos y servicios se utilizan de forma complementaria a los productos fruto de la industria estudiada. Los complementos se tienen en cuenta cuando el beneficio de la combinación de ambos productos resulta mayor que el valor de cada producto añadido. Estos pueden desempeñar un papel importante, sobre todo en el sector de las nuevas tecnologías (por ejemplo, un *software* específico en la industria de las telecomunicaciones), ya que afectan a la demanda.

APLICACIÓN DEL CONCEPTO

CONSEJOS Y BUENAS PRÁCTICAS

Para analizar correctamente la naturaleza de una industria, es conveniente ir por etapas.

Definir la industria que se estudia

Para definir una industria es necesario centrarse en dos elementos clave: los productos y el espacio geográfico. ¿Qué productos hay que tener en cuenta en el análisis? ¿Qué productos se pueden rechazar por pertenecer a otra industria? ¿En qué zona geográfica se encuentra activa la competencia?

Identificar los componentes del modelo

A continuación, es necesario identificar cada una de las fuerzas mediante preguntas específicas a cada una de ellas. Responderlas permitirá extraer no solo las tendencias, sino también las amenazas que representan. Es importante responder a estas preguntas en dos etapas, con el objetivo de visualizar la situación actual y de anticipar las tendencias futuras.

Los clientes o los grupos de clientes

- ¿En qué medida está concentrada la industria de mis clientes?
- ¿Qué volumen de compra efectúan estos grupos de clientes?
- ¿Pueden recurrir a sustitutos?
- ¿Llevan a cabo inversiones específicas para facilitar las transacciones con determinados socios?
- ¿Representan una amenaza real de integración para las actividades de producción en etapas posteriores?
- ¿Puede haber una negociación de precios entre cliente y proveedor en cada pedido?

Los proveedores

- ¿Está la industria de los proveedores más concentrada que la industria analizada?
- ¿Cuál es el volumen de compras efectuado por la industria analizada?

- ¿Las empresas de mi sector realizan inversiones específicas para apoyar las transacciones con estos proveedores?
- ¿Los proveedores representan una amenaza de integración para la primera fase de la cadena?
- ¿Están obligados a aumentar los precios?
- ¿Les resulta fácil encontrar nuevos clientes?
- ¿Las marcas de mis proveedores son fuertes?

La competencia existente

- ¿Cuál es la estructura de la competencia?
- ¿Cuál es el grado de diferenciación de los productos?
- ¿Cuáles son los objetivos estratégicos de la competencia?
- ¿Cuál es la tasa de crecimiento del sector?
- ¿Cuál es la estructura de los costes de la industria analizada?
- ¿Cuál es el grado de concentración de los vendedores?
- ¿Son significativas las diferencias de coste existentes entre la competencia?
- ¿Pueden las empresas ajustar fácilmente sus precios?
- ¿Existen barreras de salida?
- ¿Se puede ajustar el precio de la demanda?

- ¿La competencia, tiene capacidad excedentaria?

Los productos sustitutos

- ¿Están disponibles estos productos? ¿Lo están en grandes cantidades?
- ¿Cuál es la relación calidad/precio de dichos productos?
- ¿Cuál es la flexibilidad del precio de la demanda?
- ¿Existen complementos?
- ¿Cuál es su relación calidad/precio?

Los nuevos entrantes

- ¿Qué capital necesitan para penetrar en el mercado?
- ¿Realizan importantes economías de escala?
- ¿Cuál es la calidad de su imagen de marca?
- ¿Pueden acceder fácilmente a la red de distribución?
- ¿Pueden acceder fácilmente a las materias primas?
- ¿Pueden acceder fácilmente a la tecnología adecuada?
- ¿Están apoyados por los poderes públicos?
- ¿Cuál es su objetivo?

Sería conveniente jerarquizar correctamente las distintas fuerzas para que el modelo que se obtenga esté adaptado a la industria analizada.

Identificar los motores de cada fuerza y determinar su grado de intensidad

Se debe cuestionar cada fuerza: ¿tiene la suficiente influencia como para afectar a la industria de manera que sus beneficios se vean reducidos o eliminados? El peso de estas fuerzas permite determinar la capacidad que tiene una empresa de maximizar un beneficio. Cuanto mayor es la intensidad de estas 5 o 6 fuerzas, más limitadas serán las posibilidades de beneficio, puesto que se considerará que el mercado está estancado. Por el contrario, si las fuerzas son débiles, en teoría es posible obtener márgenes importantes.

Cabe destacar que no siempre una industria –o un sector– que experimenta un fuerte crecimiento es atractivo. Si ofrece muchas oportunidades, existe el riesgo de que aparezca una fuerte competencia en un futuro más o menos próximo.

Delimitar la estructura de la industria y hacer una evaluación

- ¿Cuál es su nivel de rentabilidad?
- ¿Quién controla y ejerce influencia sobre las fuerzas?
- ¿Durante cuánto tiempo seguirá siendo pertinente este análisis?

Analizar los cambios recientes y potenciales en una industria

Los cambios en el seno de una industria pueden ser bruscos, por lo que resulta necesario tenerlos en cuenta y actualizar constantemente los criterios de análisis. El análisis puede resaltar los factores críticos de éxito que le permitirán a la empresa desarrollar una ventaja competitiva duradera y decisiva.

- no tener en cuenta la evolución de la industria;
- confundir los efectos y las causas;
- ignorar las tendencias que se dan en el interior del sector.

Además, un análisis de este tipo tiene que estar relacionado con los principios económicos que se aplican en cada fuerza. Las herramientas de análisis para la competencia entre empresas, los nuevos entrantes y los productos sustitutos remiten a la teoría de juegos y a la de la organización industrial. En lo que se refiere al análisis de la influencia de los clientes y de los proveedores, esta se deriva de la teoría de las relaciones verticales entre empresas.

El modelo es, ante todo, una base sobre la que asentar las elecciones estratégicas. Entre las decisiones más frecuentes que se toman como consecuencia de este análisis se encuentran:

- **el (re)posicionamiento de la empresa**. Después de un análisis y con el objetivo de superar a la competencia, los mánagers pueden elegir (re)posicionar su empresa mediante una diferenciación. Puede tratarse de una diferenciación en los costes o en otra ventaja competitiva que le permitirá esquivar la influencia de ciertas fuerzas y, como consecuencia, garantizar beneficios a largo plazo;

- **la apropiación de un nuevo segmento de la industria poco explotado.** Una empresa puede garantizarse un retorno sobre la inversión más elevado si invierte en un nicho que aún ha sido poco explotado;
- **la influencia en las fuerzas a su favor.** Aunque se trata de una maniobra complicada, una empresa puede intentar cambiar e influir en las fuerzas para que estas se vuelvan a su favor, sobre todo mediante colaboraciones con otros actores con el fin de limitar el nivel de competencia intrasectorial o mediante la compra de nuevos entrantes. Asimismo, una empresa puede decidir incorporar determinadas actividades de los proveedores en su propia cadena de valores para reducir el poder de estos.

Por último, desde una perspectiva empresarial, este análisis deberá inscribirse en un análisis estratégico mucho más amplio y que comprenda, por ejemplo, los análisis FODA (fuerzas, oportunidades, debilidades y amenazas) y PESTEL (político, económico, social, tecnológico y legal) que permitan poner de relieve las oportunidades y las amenazas que pueden aparecer en un sector.

ESTUDIO DE CASO – LA INDUSTRIA DE LOS LECTORES DE LIBROS ELECTRÓNICOS

Para ilustrar este caso trataremos el mercado de los lectores de libros electrónicos, llamados *Ebook Readers* o *e-readers* en Gran Bretaña.

¿SABÍAS QUE...?

Un lector electrónico es un dispositivo cuyo único objetivo es reproducir los contenidos de los libros electrónicos (*e-book*). Ideado en los años noventa por dos universitarios italianos, este dispositivo no cosechó el éxito esperado cuando se comenzó a comercializar en Francia a finales de esa misma década. Habría que esperar a finales de la primera década del 2000 para ver nacer, primero en Estados Unidos y a continuación en Europa, una oferta más significativa de lectores electrónicos. Francia, que ha tardado más en adoptar este nuevo dispositivo que los países anglosajones, cuenta hoy más lectores electrónicos.

La industria del libro, que ha evolucionado profundamente en los últimos años debido a la dificultad del contexto económico, debe enfrentarse a importantes desafíos, entre los que destacamos el espectacular desarrollo del comercio en línea y el cierre de numerosas librerías. La propia aparición de la lectura a través de dispositivos electrónicos ha revolucionado los modelos económicos tradicionales. Mientras que en 2012 la cifra de ventas anuales de lectores electrónicos se elevaba a 25 millones de dólares en los Estados Unidos, se calcula que, en 2013, un 32 % de los estadounidenses disponían de un lector electrónico, mientras que más de la mitad de entre ellos tenían una tableta. Por este motivo, consideramos que el mercado de lectores electrónicos en este territorio es maduro.

¿Cuáles son, por tanto, las fuerzas que sustentan esta industria en concreto? ¿Qué actores ejercen presión? ¿Qué empresas aceleran las tendencias?

- **El poder de negociación de los clientes**. En el caso que nos ocupa –los lectores electrónicos–, se considera que la intensidad de esta fuerza es media. Dado que existen pocos vendedores para un gran número de clientes, el que un comprador se pase a otro tipo de dispositivo de lectura solo ocasiona un impacto moderado. De hecho, el volumen medio de compra de un lector electrónico no es lo suficientemente importante como para desestabilizar a un actor de la industria en caso de cambio. Sin embargo, el coste de cambio, que en este caso se corresponde con el esfuerzo que debe llevar a cabo el lector para pasarse a la competencia, es relativamente elevado si tenemos en cuenta los ecosistemas que existen en la actualidad; de esta manera, el lector tiende a preferir la librería asociada a su lector electrónico. Así, si el comprador llega a abandonar su primer modelo (por ejemplo, un Kindle, asociado a la librería Amazon), tendrá dificultades para transferir los libros que ya tiene a su nuevo dispositivo de lectura en caso de que privilegie a otra marca.
- **El poder de negociación de los proveedores**. El poder de negociación de los proveedores de

empresas activas en el mercado de los lectores electrónicos es relativamente bajo, ya que es muy poco probable que estos integren las actividades en fases posteriores de su cadena. Además, si los proveedores llegasen a aumentar sensiblemente sus precios, las empresas de la industria del lector electrónico no tendrían ningún problema para encontrar otros prestatarios igualmente cualificados, ya que esta industria está muy poco concentrada.

- **Los productos sustitutos**. Dado que existen numerosos productos que pueden reemplazar a los lectores electrónicos, comenzando por los libros en papel y por las tabletas, es difícil fidelizar a los clientes a largo plazo. Los lectores electrónicos en concreto, que no presentan evoluciones tecnológicas desde hace varios años, corren el gran riesgo de verse alcanzados por los teléfonos inteligentes o *smartphones*, que cuentan con funcionalidades que no solo son similares a las de los dispositivos electrónicos, sino complementarias. En términos más generales, la lectura compite sobre todo con la oferta de ocio en su totalidad. La amenaza de los sustitutos es especialmente elevada, ya que cada año observamos que el número de lectores disminuye.

- **Los nuevos entrantes**. Este mercado, que es un mercado de nicho, no puede soportar la entrada de demasiados actores nuevos. Ciertos grupos precursores ya se encuentran bien asentados en este mercado maduro y engloban grandes cuotas de mercado a nivel mundial, por lo que resulta relativamente complicado imponerse a estos últimos. De hecho, para los nuevos entrantes, se trata de un doble desafío, porque para posicionarse necesitan contar con un inmenso capital financiero necesario para la producción, además de un gran volumen de unidades que deben producirse para realizar mercados de escala. Esto solo es posible si el valor creado por los nuevos entrantes es detectado de forma masiva por los clientes, que podrían ver en ellos una ventaja ineludible. Por todo ello, la amenaza de nuevos entrantes es relativamente baja.

- **La competencia entre empresas.** La industria de los lectores electrónicos es un campo altamente competitivo en el que un reducido número de actores mundiales se dividen el mercado. El Kindle de Amazon, que cuenta con alrededor de un 40 % del mercado, es el líder indiscutible. Hasta hace poco, lo seguía el

PanDigital, el Nook de Barnes & Noble, y Sony, mientras que el resto de actores solo sumaban el 20 % restante. La rivalidad se acentúa cuando, en febrero del 2014, Sony anuncia el cese de la producción de lectores electrónicos en los Estados Unidos, agotado por la presión ligada a este mercado, que es especialmente fuerte. Su cartera de clientes se transfirió a su antigua rival, Kobo.

El mercado de los lectores electrónicos

La industria de los lectores electrónicos ha alcanzado en solo unos años una madurez de mercado. Hoy en día se encuentra en manos de un puñado de actores que libran una guerra sin piedad y observa cómo el número de sustitutos aumenta preocupantemente. Por ello, es muy probable que dentro de poco veamos una importante disminución de la rentabilidad de este mercado y, asimismo y de forma progresiva, una reducción de las inversiones en este sector a favor de otras tecnologías similares con horizontes más prometedores. Amazon, consciente de esta transformación, parece que ya está tomando decisiones estratégicas en este sentido con el lanzamiento de sus tabletas y de sus teléfonos inteligentes.

EN RESUMEN

- Este modelo, desarrollado por Michael E. Porter en 1979 y considerado uno de los fundamentos teóricos de la estrategia actual, permite analizar el entorno competitivo de una industria.
- En el modelo se articulan 5 fuerzas —el poder de negociación de los clientes, el de los proveedores, la amenaza de los productos sustitutos, la de los nuevos entrantes y, por último, la rivalidad entre competidores— con el fin de ofrecerle a las empresas pistas que le permitan comprender las interacciones en el seno de su sector de actividad.
- Además de ayudar a visualizar la competencia y a evaluar la rentabilidad de una industria, este modelo acompaña en sus reflexiones a los directivos empresariales que desean afinar sus estrategias a largo plazo.
- Por muy bien concebido que esté, el modelo de Porter tiene límites, entre los que se encuentran la subestimación de las oportunidades, la supremacía de la industria en relación a la

empresa y una ocultación de los factores que afectan a la demanda.

• El modelo puede acompañarse de una sexta fuerza: el Gobierno. De hecho, este puede ejercer influencia en las relaciones económicas entre los actores de una misma industria y, por tanto e indirectamente, en la rentabilidad de la misma.

¡Tu opinión nos interesa!
*¡Deja un comentario en la página web de tu
librería en línea,
y comparte tus favoritos en las redes sociales!*

PARA IR MÁS ALLÁ

FUENTES BIBLIOGRÁFICAS

- Besanko, David, David Dranove, Mark Shanley y Schaefer Shanley. 2013. *Economics of Strategy.* Hoboken: Wiley.

- Magretta, Joan. 2011. *Comprendre Michael Porter. Concurrence. Stratégie.* París: Eyrolles.

- Porter, Michael. 1986. *Competition in Global Industries.* Boston: Harvard Business Press.

- Porter, Michael. 2008. *Competitive Strategy.* Nueva York: Free Press.

- Porter, Michael. 2008. "The Five Competitive Forces That Shape Strategy". *Harvard Business Review.* Consultado el 26 de febrero de 2018. http://www.exed.hbs.edu/assets/documents/hbr-shape-strategy.pdf

- Porter, Michael. 1991. "Towards a Dynamic Theory of Strategy". *Strategic Management Journal*, vol. 12, n.° S2.

¡APRENDER NUNCA ANTES FUE TAN RÁPIDO!

www.50minutos.es